DIABETES-REZEPTE
vegetarisch

INHALT

Öffnen Sie die Klappen dieses Buches.
Dort finden Sie die wichtigsten Infos zum Thema auf einen Blick!

DAS PRINZIP:
DIABETES-KÜCHE OHNE FLEISCH

DIE PERFEKTE KOMBI

Immer griffbereit:

SO GEHT'S: STATT FLEISCH & FISCH

Immer griffbereit:

BALLASTSTOFFE: GUTE QUELLEN

GU **CLOU**

Wussten Sie schon, dass …?
Entdecken Sie bei einigen ausgewählten Rezepten ganz besondere Tipps mit verblüffendem Insiderwissen. Aha-Momente garantiert!

Die Backzeiten können je nach Herd variieren. Unsere Temperaturangaben beziehen sich auf das Backen im Elektroherd mit Ober- und Unterhitze.

REZEPTKAPITEL

DR. MATTHIAS RIEDL

Diabetes ist eine Stoffwechselstörung, die mittlerweile gut therapierbar ist. Wer seine Ernährung so umstellt, dass der Blutzucker nicht ständig Achterbahn fährt, kann Medikamente und Leiden vermeiden. Besonders gut: viel Gemüse essen!

Warum ist Veggie so gesund?

Eine überwiegend pflanzenbasierte Ernährung liefert reichlich Vitamine, Mineral-, Ballast- und sekundäre Pflanzenstoffe.
Ohne tierische Lebensmittel reduziert man gesättigte Fettsäuren oder Cholesterin und isst weniger Kalorien und Fett. Damit erfüllt eine vegetarische Kost automatisch auch die Ansprüche einer diabetesfreundlichen Ernährung. Wichtig: Abwechslung auf dem Teller – reichlich Gemüse und zuckerarmes Obst, Vollkorn, Hülsenfrüchte, Nüsse und hochwertige Öle.

Kann ich in einen Eiweißmangel geraten?

Aminosäuren, die kleinsten Bestandteile von Eiweiß, sind wichtige Baustoffe für Zellen, Muskulatur, Knochen, Gewebe, Hormone und Blut. Zudem dienen sie als hochwertige Energieträger. Die Empfehlung für die tägliche Eiweißaufnahme liegt bei 1–1,2 g Eiweiß pro kg Normalgewicht (z. B. 70–84 g E täglich bei 70 kg Gewicht) – gleichmäßig auf die Hauptmahlzeiten verteilt. Das ist bei einer vegetarischen Ernährung spielend machbar, man kann auch Milchprodukte und Eier essen. Hochwertige pflanzliche Eiweißlieferanten sind zudem Hülsenfrüchte, Samen und Nüsse, Pilze und (Pseudo-)Getreide.

Was hilft gegen Heißhunger?

Zunächst sollten Sie darauf achten, regelmäßig zu essen. Hilfreich ist es hierbei, pro Tag 2–3 Hauptmahlzeiten und 4–5-stündige Esspausen festzulegen. Planen Sie im nächsten Schritt die Hauptmahlzeiten eiweißbetont, gemüselastig und ballaststoffreich. Essen Sie möglichst bewusst und kauen Sie gut, das macht satt. Trinken Sie außerdem ausreichend, nicht selten wird ein Durstgefühl falsch gedeutet und man snackt stattdessen. Ideal: 30–40 ml pro kg Körpergewicht am Tag trinken – am besten über den Tag verteilt.

HÜTTENKÄSE MIT WALNUSS UND RUCOLA

200 körnigen Frischkäse (Hüttenkäse) auflockern.

4 Walnusskerne klein hacken.

20 g Rucola waschen, trocken tupfen und in feine Streifen schneiden.

1 Knoblauchzehe schälen und durchpressen.

30 g Schafskäse (z. B. Feta) mit einer Gabel zerdrücken.

Hüttenkäse, Knoblauch, Walnüsse und Rucola zum Feta geben und alles mit Salz und Pfeffer würzen.

BROTE & SALATE

Für 1 Kastenform (25 cm Länge; 16 Scheiben) • 20 Min. Zubereitung • 1 Std. 10 Min. Backen • Pro Scheibe ca. 165 kcal, 12 g E, 12 g F, 3 g KH

ZWIEBEL-KÄSE-EIWEISSBROT

BESONDERS WÜRZIG

2 Zwiebeln
1 Knoblauchzehe
100 g Parmesan (am Stück)
300 g Magerquark
5 Eier (M)
150 g gemahlene Mandeln
150 g Leinsamen
2 EL Sojamehl
4 EL Hafer-Schmelzflocken
1 ½ Pck. Backpulver
Salz

1 Den Backofen auf 170° vorheizen. Die Kastenform mit Backpapier auslegen. Die Zwiebeln schälen und in feine Würfel schneiden. Den Knoblauch schälen und in feine Würfel schneiden. Den Parmesan reiben.

2 Quark und Eier in einer Rührschüssel mit den Rührbesen des Handrührgeräts gründlich aufschlagen. Mandeln, Leinsamen, Sojamehl, Schmelzflocken, Backpulver, Zwiebeln, Knoblauch und Parmesan dazugeben und unter die Quarkmasse rühren. Zuletzt den Brotteig mit ½ TL Salz würzen.

3 Den Teig in die Backform geben und mithilfe eines Teigspatels glatt streichen. Das Brot im Ofen (Mitte) ca. 1 Std. 10 Min. backen. Mithilfe der Stäbchenprobe lässt sich prüfen, ob das Brot schon fertig ist: Dazu mit einem langen Holzspieß bis zur Mitte des Brotes einstechen und dann den Holzspieß wieder herausziehen. Klebt noch flüssiger Teig am Holz, braucht das Brot noch ein paar Minuten im Ofen.

4 Das fertige Brot aus dem Ofen nehmen und kurz abkühlen lassen, dann mit dem Backpapier aus der Form lösen und auf einem Kuchengitter vollständig auskühlen lassen. Getoastet schmeckt das Eiweißbrot besonders gut.

GU CLOU

Das Brot enthält kein Getreidemehl und ist daher kohlenhydratarm. Wer auf glutenfreie Haferflocken setzt, erhält zudem ein glutenfreies Brot. Käse, Quark und Nüsse sorgen für sättigendes Eiweiß.

Für 2 Personen • 30 Min. Zubereitung • Pro Portion ca. 400 kcal, 29 g E, 17 g F, 34 g KH

GEMÜSEWAFFELN MIT QUARK

PIKANT & KNUSPRIG

1 kleiner Zucchino
2 Möhren
2 Eier (M)
1 TL Backpulver
Salz
2 ½ geh. EL Kartoffelmehl
250 g Magerquark
3 EL Milch (1,5 % Fett)
2 TL Leinöl
1 Knoblauchzehe
½ Bund Petersilie
½ Bund Schnittlauch
1 kleine rote Zwiebel
Pfeffer
Öl für das Waffeleisen

1 Für die Waffeln Zucchino und Möhren putzen, waschen bzw. schälen und auf der Gemüsereibe fein raspeln. In einer Schüssel mit Eiern, Backpulver, 1 TL Salz und Kartoffelmehl gründlich verrühren und den Teig ca. 5 Min. quellen lassen.

2 Das Waffeleisen aufheizen und die Backflächen mit etwas Öl einfetten. Je ein Drittel des Teiges hineingeben und die Waffel in ca. 1 Min. goldbraun backen. Herausnehmen und auf einem Kuchengitter ausdampfen lassen. Übrige zwei Waffeln genauso backen.

3 Währenddessen den Quark mit Milch und Leinöl verrühren. Knoblauch schälen und dazupressen. Kräuter waschen, trocken tupfen, Petersilienblätter abzupfen und fein hacken, Schnittlauch in feine Röllchen schneiden. Zwiebel schälen, fein würfeln und mit den Kräutern unter den Quark rühren, salzen und pfeffern. Zum Servieren die Waffeln noch warm mit dem Quark auf Tellern anrichten.

Für 12 Brötchen • 15 Min. Zubereitung • 25 Min. Backen • Pro Stück ca. 115 kcal, 8 g E, 5 g F, 8 g KH

KERNIGE PROTEINBRÖTCHEN

GUT ZUM MITNEHMEN

3 Eier (M)
250 g Magerquark
1 EL Zitronensaft
½ Päckchen Backpulver
100 g Haferkleie
70 g geschrotete Leinsamen
25 g Sonnenblumenkerne
25 g Kürbiskerne
1 TL Salz

1 Den Backofen auf 190° (Umluft) vorheizen. Ein Backblech mit Backpapier belegen.

2 Zum Bestreuen 2 EL Kürbis- und Sonnenblumenkerne beiseitestellen. Alle übrigen Zutaten in eine Schüssel geben und mit einem Löffel gut mischen.

3 Anschließend aus dem Teig mit dem Löffel zwölf gleich große Portionen abnehmen und nebeneinander auf das Blech setzen. Die einzelnen Häufchen etwas platt streichen. Mit den beiseitegestellten Kernen bestreuen.

4 Die Brötchen im Ofen (Mitte) ca. 25 Min. backen. Herausnehmen und vor dem Verzehr auf einem Kuchengitter abkühlen lassen.

Für 6 Portionen (à ca. 50 g) • 20 Min. Zubereitung • Pro Portion ca. 70 kcal, 3 g E, 4 g F, 6 g KH

ERBSEN-CHILI-AUFSTRICH

VEGAN

250 g TK-Erbsen
1 rote Zwiebel
2 EL Olivenöl
½ Bund Petersilie
2 Stängel Minze
Saft von ½ Zitrone
1 TL Chilipulver
Salz, Pfeffer

1 Die gefrorenen Erbsen in einem kleinen Topf mit kochendem Wasser übergießen und zugedeckt 5–10 Min. stehen lassen, danach in ein Sieb abgießen und abtropfen lassen.

2 Inzwischen die Zwiebel schälen und fein würfeln. In einer Pfanne 1 EL Öl erhitzen und die Zwiebel darin bei mittlerer Hitze ca. 5 Min. andünsten. Vom Herd nehmen und kurz abkühlen lassen. Die Kräuter waschen, trocken tupfen und die Blätter abzupfen.

3 Erbsen, Zwiebel und Kräuter in einen hohen Rührbecher geben und Zitronensaft, restliches Öl, Chilipulver, Salz und Pfeffer hinzufügen. Alles mit dem Pürierstab zu einer streichfähigen Masse pürieren. Den Aufstrich gut verschlossen im Kühlschrank lagern, so hält er sich 5–6 Tage. Er passt gut auf Vollkornbrot oder als Dip zu Ofengemüse.

Für 2 Personen • 20 Min. Zubereitung • Pro Portion ca. 165 kcal, 8 g E, 7 g F, 16 g KH

LINSEN-CASHEW-AUFSTRICH

VEGAN

40 g gelbe Linsen
Salz
1 kleine Zwiebel
1 kleine Knoblauchzehe
2 EL Cashewkerne
1 TL Currypulver
Pfeffer

1 Die Linsen in einem Sieb abbrausen und in einem Topf in Salzwasser zugedeckt ca. 10 Min. garen. Anschließend in ein Sieb abgießen, kalt abschrecken und gut abtropfen lassen.

2 Inzwischen die Zwiebel und den Knoblauch schälen und fein würfeln. Mit den gegarten Linsen, Cashewkernen und 2 EL Wasser in einen hohen Rührbecher geben. Alles mit Currypulver bestreuen und mit dem Pürierstab zu einer streichfähigen Masse pürieren.

3 Den Aufstrich nochmals mit etwas Salz und Pfeffer abschmecken und servieren. Gut verschlossen hält er sich im Kühlschrank 3–5 Tage. Der Aufstrich schmeckt gut auf Brot oder zu Rohkost-Sticks.

Für 2 Personen • 35 Min. Zubereitung • Pro Portion ca. 670 kcal, 20 g E, 51 g F, 27 g KH

SALAT-BOWL MIT VEGGIE-BURGERN

VEGAN

½ Zwiebel
80 g geräucherter Tofu
100 g Champignons
1 Knoblauchzehe
3 EL geröstetes Sesamöl
100 g schwarze Bohnen (aus Glas oder Dose)
30 g Cashewkerne
1 TL gemahlener Koriander
100 g Baby-Blattspinat
1 vorgegarte Rote Bete (vakuumverpackt)
1 Avocado
6 Radieschen
½ Zitrone
1 EL Tahin (Sesampaste)
Salz, Pfeffer
½ Bund Koriandergrün

1 Zwiebel schälen und fein würfeln. Tofu würfeln. Pilze putzen, bei Bedarf mit einem Tuch abreiben und in Scheiben schneiden. Knoblauch schälen und grob würfeln. Zwiebel in einer Pfanne in 1 EL Öl leicht anbraten. Tofu, Pilze und Knoblauch dazugeben und alles bei mittlerer Hitze ca. 5 Min. anbraten. Die Bohnen in einem Sieb abbrausen und abtropfen lassen. Cashewkerne fein hacken. Den Tofu-Pilz-Mix in den Standmixer geben, Bohnen, Cashewkerne und gemahlenen Koriander hinzufügen und alles grob pürieren.

2 Das restliche Öl in der Pfanne erhitzen. Aus der Masse mit einem Esslöffel jeweils mehrere Bratlinge in die Pfanne setzen und etwas flach drücken. Die Bratlinge bei mittlerer Hitze auf jeder Seite 3–4 Min. braten. Herausnehmen und auf Küchenpapier abtropfen lassen, warm halten.

3 Währenddessen Spinat verlesen, waschen und trocken schütteln, dabei grobe Stiele entfernen. Rote Bete würfeln (Achtung, sie färbt stark ab!). Avocado halbieren, entkernen und in Streifen schneiden. Radieschen putzen, waschen und vierteln. Für das Dressing die Zitrone auspressen und den Saft mit Tahin mischen. So viel Wasser hinzufügen, bis eine cremige Konsistenz entstanden ist, salzen und pfeffern.

4 Zum Servieren das Koriandergrün waschen, trocken tupfen und die Blätter abzupfen. Spinat auf Schalen (Bowls) verteilen und Bratlinge, Rote Bete, Avocado und Radieschen daraufsetzen, mit Dressing und Koriandergrün garnieren.

Für 2 Personen • 20 Min. Zubereitung • Pro Portion ca. 565 kcal, 22 g E, 41 g F, 20 g KH

FELDSALAT MIT ROTER BETE

PROTEINREICH

100 g Feldsalat
1 Orange
1 Rote Bete (ca. 250 g)
2 EL gehackte Mandeln
1 Knoblauchzehe
1 EL Aceto balsamico bianco
2 EL Walnussöl
2 EL helles Mandelmus
80 g geraspelter Parmesan
Salz, Pfeffer

GUT ZU WISSEN
Wer Gefahr läuft, einen Diabetes zu entwickeln, sollte auf gesunde Fette in der Ernährung achten. Hier kommen daher Walnussöl und Mandelmus ins Dressing, beides liefert hochwertige Fettsäuren. Schlechte Fette sollte man dafür einsparen, sie können Fettleber und Insulinresistenz fördern.

1 Den Feldsalat verlesen, waschen und trocken schütteln. Dann in eine große Schüssel geben. Die Orange so schälen, dass auch die weiße Haut mitentfernt wird. Die einzelnen Stücke mit einem kleinen Messer vorsichtig filetieren, dabei den Saft in einer kleinen Schüssel auffangen. Die Filets in grobe Stücke schneiden und zum Salat geben.

2 Die Rote Bete putzen und schälen, anschließend vierteln und die Viertel auf der Gemüsereibe fein raspeln (Achtung, färbt stark ab!). Die Rote-Bete-Raspel ebenfalls in die Salatschüssel geben.

3 Die gehackten Mandeln in einer beschichteten Pfanne ohne Fett ca. 3 Min. leicht anrösten, sodass sie sich leicht bräunlich färben. Herausnehmen und abkühlen lassen.

4 Für das Dressing den Knoblauch schälen und mit einer Knoblauchpresse pressen oder mit einem Messer fein hacken. Dann mit Essig, Walnussöl und Mandelmus in die Schüssel mit dem aufgefangenen Orangensaft (ca. 2 EL) geben und alles gründlich verrühren. Mit Salz und Pfeffer abschmecken.

5 Zum Servieren den Salat auf Teller verteilen und mit Parmesan und gerösteten Mandeln bestreuen. Zuletzt alles mit dem Dressing beträufeln.

Für 2 Personen • 15 Min. Zubereitung • Pro Portion ca. 525 kcal, 19 g E, 43 g F, 14 g KH

FENCHELSALAT MIT FETA

IMMUNSTÄRKEND

½ Zitrone
2 EL Olivenöl
1 EL helles Mandelmus
½ TL flüssiger Honig
Kräutersalz
Pfeffer
40 g Walnusskerne
2 kleine Fenchel
1 Apfel
150 g Schafskäse (z. B. Feta)

1 Für das Dressing die Zitronenhälfte auspressen und den Saft mit Öl, Mandelmus und Honig in einer Salatschüssel gut verrühren, mit Kräutersalz und Pfeffer abschmecken. Die Walnüsse grob hacken und in einer beschichteten Pfanne ohne Fett leicht rösten. Herausnehmen und abkühlen lassen.

2 Inzwischen die Fenchel putzen, waschen und den harten Strunk entfernen. Danach die Fenchel halbieren und in feine Streifen schneiden oder auf der Gemüsereibe fein hobeln. Dann mit dem Dressing mischen.

3 Den Apfel waschen, vierteln und entkernen. Die Apfelviertel in kleine Würfel schneiden. Den Feta ebenfalls in Würfel schneiden und mit Apfel und Nüssen zum Fenchel geben, alles gut mit dem Dressing mischen. Zum Servieren den Salat auf Teller verteilen.

Für 2 Personen • 20 Min. Zubereitung • 35 Min. Backen • Pro Portion ca. 580 kcal, 21 g E, 33 g F, 39 g KH

ROTE-BETE-LINSEN-SALAT

PROTEINREICH

3 Rote Beten (à ca. 150 g)
3 EL Olivenöl
Salz, Pfeffer
¼ TL gemahlener Kreuzkümmel
80 g Belugalinsen
125 g Feldsalat
2 Frühlingszwiebeln
100 g Schafskäse (z. B. Feta)
½ Avocado
1 EL Zitronensaft
2 EL Aceto balsamico
1 TL flüssiger Honig
1 TL mittelscharfer Senf

1 Den Backofen auf 200° vorheizen. Ein Backblech mit Backpapier belegen. Rote Beten putzen, schälen und klein würfeln (Achtung, färben stark ab!). Mit 1 EL Öl, Salz, Pfeffer und Kreuzkümmel mischen, auf dem Blech verteilen und im Ofen (Mitte) ca. 35 Min. backen.

2 Inzwischen die Linsen in einem Sieb abbrausen und in einem Topf mit 200 ml Wasser zugedeckt in ca. 20 Min. bissfest garen. Feldsalat verlesen, waschen und trocken schütteln. Frühlingszwiebeln putzen, waschen und in dünne Ringe schneiden. Feta fein zerkrümeln. Avocado schälen, in Streifen schneiden und sofort mit Zitronensaft beträufeln, damit sie sich nicht bräunlich verfärbt.

3 Für das Dressing Essig, übrige 2 EL Öl, Honig, Senf, Salz und Pfeffer verrühren. Zum Servieren den Feldsalat mit Linsen, Frühlingszwiebeln und Feta auf Tellern anrichten. Mit Rote-Bete-Würfeln und Avocado garnieren und mit dem Dressing beträufeln.

Für 2 Personen • 20 Min. Zubereitung • 1 Std. Ruhen • Pro Portion ca. 560 kcal, 16 g E, 39 g F, 27 g KH

ROTKOHL-MÖHREN-SALAT

BALLASTSTOFFREICH

300 g Rotkohl
½ TL Salz
2 Möhren
1 Apfel
1 Zwiebel
2 Prisen Zucker
3 EL Apfelessig
2 EL Walnussöl
1 TL Zitronensaft
Pfeffer
120 g Schafskäse (z. B. Feta)
3 EL Walnusskerne

1 Den Kohl putzen, waschen, den harten Strunk entfernen und die Blätter in feine Streifen schneiden. In eine Schüssel geben, mit dem Salz mischen und mit den Händen ca. 5 Min. kräftig durchkneten, bis sich Flüssigkeit bildet (am besten mit Handschuhen arbeiten!). Den Rotkohl bei Zimmertemperatur bis zur weiteren Verarbeitung ziehen lassen.

2 Inzwischen die Möhren putzen, schälen und auf der Gemüsereibe grob raspeln. Den Apfel waschen, vierteln und entkernen. Die Apfelviertel ebenfalls grob raspeln. Die Zwiebel schälen und fein würfeln.

3 Dann den Zucker zum Rotkohl geben und alles nochmals kurz durchkneten. Möhren- und Apfelraspel, Zwiebel, Essig, Walnussöl und Zitronensaft zum Rotkohl geben. Alles gut mischen und mit Pfeffer würzen. Anschließend den Salat mindestens 1 Std. ruhen lassen – gut durchgezogen schmeckt er am besten.

4 Zum Servieren den Feta zerbröseln und die Walnüsse grob hacken. Den Salat auf Teller verteilen und mit dem Feta und den Walnüssen bestreuen.

MEAL-PREP-TIPP

Der Salat lässt sich gut mitnehmen: Einfach die doppelte Menge zubereiten und den Salat am nächsten Tag mit zur Arbeit nehmen. Durchgezogen schmeckt er besonders gut. Wer eine Küchenmaschine hat, spart sich hier beim Rotkohlschneiden Zeit.

Für 2 Personen • 15 Min. Zubereitung • Pro Portion ca. 560 kcal, 17 g E, 34 g F, 44 g KH

LINSEN-AVOCADO-SALAT MIT GRANATAPFEL

VEGAN

100 g rote Linsen
1 große rote Paprika
1 Avocado
150 g Granatapfelkerne (von ca. ½ Granatapfel)
½ Zitrone
2 EL Olivenöl
2 EL TK-Petersilie
1 TL gemahlener Kreuzkümmel
1 TL gemahlener Koriander
Salz, Pfeffer

GUT ZU WISSEN
Hülsenfrüchte sind echtes Superfood! Sie liefern nicht nur reichlich Ballaststoffe und langsam verdauliche Kohlenhydrate. Hülsenfrüchte enthalten auch eine gute Portion Pflanzeneiweiß – und halten uns damit lange satt und den Blutzuckerspiegel niedrig.

1 Die Linsen in einem Sieb abbrausen und in einem Topf zugedeckt in 300 ml kochendem Wasser in ca. 10 Min. weich garen. Danach in ein Sieb abgießen, gut abtropfen und abkühlen lassen.

2 Währenddessen die Paprika waschen, halbieren, weiße Trennwände und Kerne entfernen und die Hälften in kleine Würfel schneiden. Die Avocado halbieren, entkernen, das Fruchtfleisch aus den Schalen lösen und in Streifen schneiden. Paprika und Avocado in eine Salatschüssel geben. Die Granatapfelhälfte über eine weitere Schüssel halten und die Kerne mit einem Löffel aus der Schale klopfen (Achtung, das spritzt!).

3 Für das Dressing die Zitronenhälfte auspressen und den Saft mit dem Öl mischen. Petersilie, Kreuzkümmel, Koriander, Salz und Pfeffer dazugeben und alles gut verrühren.

4 Zum Servieren die Linsen zu den Salatzutaten geben. Das Dressing hinzufügen und alles gut mischen. Den Salat auf Schalen verteilen und mit den Granatapfelkernen bestreuen.

2 Personen • 10 Min. Zubereitung • Pro Portion ca. 415 kcal, 15 g E, 24 g F, 27 g KH

KOHLRABI-KICHERERBSEN-SALAT

BALLASTSTOFFREICH

1 Kohlrabi
1 vorgegarte Rote Bete (vakuumverpackt)
1 Handvoll Rucola
140 g Kichererbsen (aus Glas oder Dose)
3 EL Joghurt (1,5 % Fett)
1 EL Leinöl
1 EL Olivenöl
1 TL Zitronensaft
1 Knoblauchzehe
3 Stängel Petersilie
Salz, Pfeffer
3 EL Mandeln
½ TL flüssiger Honig

1 Den Kohlrabi putzen, schälen und ca. 1 cm groß würfeln. Rote Bete ca. 1 cm groß würfeln (Achtung, färbt stark ab!). Rucola verlesen, waschen und trocken schütteln, dabei grobe Stiele entfernen. Rucola in grobe Stücke zupfen. Alles in eine Salatschüssel geben. Kichererbsen in einem Sieb abbrausen, abtropfen lassen und ebenfalls hinzufügen.

2 Für das Dressing Joghurt, Öle und Zitronensaft verrühren. Knoblauch schälen und dazupressen. Petersilie waschen, trocken tupfen, Blätter abzupfen und fein hacken. Zum Dressing geben, salzen und pfeffern. Mandeln grob hacken und in einer Pfanne ohne Fett kurz rösten, den Honig darübergeben und die Mandeln leicht karamellisieren. Herausnehmen und auf Küchenpapier abkühlen lassen.

3 Zum Servieren den Salat auf Teller verteilen. Mit dem Dressing beträufeln und mit den karamellisierten Mandeln bestreuen.

Für 2 Personen • 20 Min. Zubereitung • Pro Portion ca. 520 kcal, 24 g E, 19 g F, 59 g KH

QUINOA-ERBSEN-SALAT

VEGAN

120 g Quinoa
300 g TK-Erbsen
1 rote Paprika
½ Bund Radieschen
30 g Haselnusskerne
3–4 Stängel Minze
1 EL Tahin (Sesampaste)
Saft von ½ Zitrone
Salz, Pfeffer

1 Die Quinoa in einem Sieb heiß abbrausen und in einem Topf mit ca. 250 ml Wasser in ca. 15 Min. bissfest garen. Währenddessen die Erbsen mit kochendem Wasser übergießen und zugedeckt ca. 10 Min. ziehen lassen.

2 Inzwischen Paprika waschen, halbieren, weiße Trennwände und Kerne entfernen und die Hälften klein würfeln. Radieschen putzen, waschen und klein würfeln. Paprika, Radieschen, Quinoa und Erbsen in einer Salatschüssel mischen. Nüsse grob hacken und in einer Pfanne ohne Fett leicht rösten. Herausnehmen und abkühlen lassen. Minze waschen, trocken tupfen, Blätter abzupfen und grob hacken.

3 Tahin mit Zitronensaft und etwas Wasser glatt verrühren, salzen und pfeffern. Zum Servieren das Dressing unter den Salat mischen, den Salat auf Teller verteilen und mit Nüssen und Minze garnieren.

Für 2 Personen • 25 Min. Zubereitung • 2 Std. Ruhen • Pro Portion ca. 520 kcal, 26 g E, 34 g F, 20 g KH

ZUCCHINI-CARPACCIO MIT SPARGEL

PROTEINREICH

3 kleine Zucchini (à ca. 250 g)
1 EL Zitronensaft
2 EL Olivenöl
Salz, Pfeffer
80 g Parmesan (am Stück)
25 g Pinienkerne
500 g grüner Spargel
2 Knoblauchzehen
1 rote Zwiebel
8 Kirschtomaten
1 EL Rapsöl
1 TL flüssiger Honig
2 EL Aceto balsamico

BEILAGEN-TIPP
Wer zum Carpaccio gerne eine Beilage hätte: Statt Baguettescheiben, die für einen stabilen Blutzuckerspiegel eher ungeeignet sind, lieber ein Vollkorn- oder ein mehlfreies Saatenbrot wählen. Bei diesem ist das Weißmehl durch Nüsse, Körner und Saaten ersetzt, das steigert den Protein- und Ballaststoffgehalt.

1 Die Zucchini putzen, waschen und mit dem Sparschäler längs in dünne Scheiben hobeln. Dann in einer Schüssel mit Zitronensaft, Olivenöl, Salz und Pfeffer marinieren und im Kühlschrank ca. 2 Std. ziehen lassen.

2 Inzwischen den Parmesan mit dem Sparschäler in Späne hobeln. Die Pinienkerne in einer Pfanne ohne Fett leicht anrösten, herausnehmen und abkühlen lassen.

3 Den Spargel waschen und im unteren Drittel schälen, die holzigen Enden abschneiden. Die Spargelstangen jeweils dritteln. Knoblauch und Zwiebel schälen. Knoblauch fein würfeln, die Zwiebel in feine Ringe schneiden. Die Tomaten waschen und halbieren.

4 Das Rapsöl in einer Pfanne erhitzen und die Spargelstücke darin bei mittlerer Hitze ca. 7 Min. anbraten. Knoblauch und Zwiebel mit den Tomaten zum Spargel geben und alles noch ca. 5 Min. anbraten. Leicht salzen und den Honig unterrühren.

5 Zum Servieren die marinierten Zucchinischeiben auf Tellern anrichten und das Spargelgemüse darüber verteilen. Mit Parmesan und Pinienkernen garnieren und zuletzt alles mit dem Essig beträufeln.

SUPPEN & EINTÖPFE

Für 2 Personen • 15 Min. Zubereitung • Pro Portion ca. 480 kcal, 17 g E, 36 g F, 19 g KH

GRÜNER GAZPACHO

GUT ZUM MITNEHMEN

2 grüne Paprikas
½ Salatgurke
½ Kohlrabi
1 kleiner Fenchel
1 kleine Frühlingszwiebel
3 Stängel Petersilie
6 Blätter Minze
2 EL zarte Haferflocken
2 EL Walnussöl
½ Limette
Salz, Pfeffer
100 g Schafskäse (z. B. Feta)
50 g Walnusskerne

GUT ZU WISSEN
Walnüsse sind ebenso wie Mandeln oder Pistazien echtes Superfood. Denn sie liefern nicht nur hochwertige Fettsäuren, sondern auch reichlich Pflanzeneiweiß. Die Kombi schützt uns vor Heißhungerattacken und stabilisiert den Blutzucker.

1 Die Paprikas waschen, halbieren, weiße Trennwände und Kerne entfernen und die Hälften in Stücke schneiden. Die Salatgurke putzen, waschen und in Stücke schneiden. Den Kohlrabi putzen, schälen und in Stücke schneiden. Fenchel und Frühlingszwiebel putzen, waschen und in Stücke schneiden.

2 Petersilie und Minze waschen und trocken tupfen. Die Blätter der Petersilie abzupfen und mit der Minze grob hacken. Wer will, kann das Fenchelgrün noch extra klein hacken und zum Garnieren verwenden.

3 Gemüse und Kräuter in den Standmixer geben und Haferflocken und Öl hinzufügen. Die Limette auspressen und den Saft dazugießen. Alles fein pürieren, salzen und pfeffern.

4 Den Feta grob zerkrümeln. Die Walnüsse grob hacken. Zum Servieren den Gazpacho auf Schalen verteilen und mit Feta und Walnüssen bestreuen. Nach Belieben mit dem gehackten Fenchelgrün garnieren.

Für 2 Personen • 20 Min. Zubereitung • 15 Min. Ruhen • Pro Portion ca. 495 kcal, 19 g E, 26 g F, 37 g KH

KALTE GURKEN-KEFIR-SUPPE

STÄRKT DAS MIKROBIOM

1 Salatgurke
1 TL Kräutersalz
500 ml Kefir
100 g Frischkäse (16 % Fett)
2 EL gehackter Dill
1 EL gehackte Petersilie
1 EL Olivenöl
1 TL Zitronensaft
Pfeffer
6 Walnusshälften

1 Die Gurke putzen, waschen und mit dem Sparschäler schälen. Längs halbieren und die Kerne mit einem Teelöffel auskratzen. Das Fruchtfleisch in kleine Würfel schneiden und in eine Schüssel geben. Die Gurkenwürfel mit dem Kräutersalz bestreuen und im Kühlschrank ca. 15 Min. ziehen lassen.

2 Inzwischen den Kefir mit dem Frischkäse in einer Schüssel gründlich verrühren. Mit 1 ½ EL Dill, Petersilie, Olivenöl, Zitronensaft und etwas Pfeffer abschmecken.

3 Die Walnüsse hacken. Die Schüssel mit den Gurkenwürfeln aus dem Kühlschrank nehmen, überschüssige Flüssigkeit abgießen und die Gurkenwürfel unter den Kefir-Frischkäse-Mix rühren.

4 Zum Servieren die kalte Suppe auf tiefe Teller verteilen und mit dem restlichen Dill und den gehackten Walnusskernen garnieren.

Für 2 Personen • 35 Min. Zubereitung • Pro Portion ca. 485 kcal, 21 g E, 37 g F, 16 g KH

SELLERIE-APFEL-SUPPE

VEGAN

350 g Knollensellerie (ca. 1 kleine Knolle)
1 Zwiebel
2 EL Olivenöl
1 TL vegane Gemüsebrühe (Instant)
2 Lorbeerblätter
200 g Mandel-Nuss-Tofu
1 großer Apfel
abgeriebene Schale und Saft von ½ Bio-Zitrone
2 EL helles Mandelmus
Salz, Pfeffer

1 Den Sellerie putzen, schälen und klein würfeln. Die Zwiebel schälen und fein würfeln, in einem Topf in 1 EL Öl bei mittlerer Hitze andünsten. Den Sellerie dazugeben. 500 ml heißes Wasser mit Brühe und Lorbeerblättern hinzufügen und alles zugedeckt bei kleiner Hitze ca. 15 Min. köcheln lassen.

2 Inzwischen den Tofu ca. 1 cm groß würfeln und in einer Pfanne im übrigen Öl in 10–15 Min. rundum kross braten. Den Apfel waschen, vierteln und entkernen. Dann würfeln, zur Suppe geben und alles bei kleiner Hitze noch 5–10 Min. garen.

3 Zitronenschale und -saft mit dem Mandelmus zur Suppe geben. Lorbeerblätter entfernen und alles im Topf mit dem Pürierstab fein pürieren. Zum Servieren die Suppe mit Salz und Pfeffer abschmecken und, falls nötig, noch etwas Wasser unterrühren. Die Suppe auf Schalen oder tiefe Teller verteilen und mit Tofu garnieren.

Für 2 Personen • 30 Min. Zubereitung • Pro Portion ca. 395 kcal, 16 g E, 27 g F, 22 g KH

BLUMENKOHL-BOHNEN-SUPPE

VEGAN

1 Zwiebel
500 g Blumenkohl
1 Knoblauchzehe
2 EL Olivenöl
1 TL vegane Gemüsebrühe (Instant)
2 Lorbeerblätter
1 TL gemahlener Kreuzkümmel
240 g weiße Bohnen (aus Glas oder Dose)
30 g Kürbiskerne
100 g Sojacreme
½ Zitrone
3–4 Stängel Petersilie
Salz, Pfeffer

GUT ZU WISSEN
Blumenkohl, Brokkoli, Romanesco – die drei Kohlsorten strotzen alle nur so vor Glucosinolaten, wertvollen sekundären Pflanzenstoffen. Zudem konnten neueste Studien nachweisen, dass Kohlvertreter ausgleichend auf den Blutzucker wirken.

1 Die Zwiebel schälen und in feine Würfel schneiden. Den Blumenkohl putzen, waschen und in Röschen teilen. Den Knoblauch schälen und grob würfeln.

2 Das Öl in einem Topf erhitzen und die Zwiebel darin bei mittlerer Hitze 3–4 Min. anbraten. Den Blumenkohl dazugeben, ca. 500 ml heißes Wasser mit Brühe, Knoblauch, Lorbeerblättern und Kreuzkümmel hinzufügen. Alles zugedeckt bei kleiner Hitze ca. 15 Min. köcheln lassen.

3 Währenddessen die Bohnen in einem Sieb abbrausen und abtropfen lassen, dann zum Blumenkohl geben. Die Kürbiskerne in einer kleinen Pfanne ohne Fett leicht rösten. Herausnehmen und abkühlen lassen.

4 Die Lorbeerblätter aus der Suppe nehmen, die Sojacreme unterrühren und alles noch 3–4 Min. leicht garen. Die Zitrone auspressen und den Saft ebenfalls zur Suppe geben.

5 Zum Servieren die Petersilie waschen, trocken tupfen, die Blätter abzupfen und grob hacken. Die Suppe im Topf mit dem Pürierstab fein pürieren, auf Schalen oder tiefe Teller verteilen und mit Petersilie und Kürbiskernen garnieren.

Für 2 Personen • 25 Min. Zubereitung • Pro Portion ca. 325 kcal, 13 g E, 21 g F, 20 g KH

KIMCHI-SUPPE MIT SEIDENTOFU

VEGAN

200 g Seidentofu
150 g Shiitake (Pilze)
½ Bund Frühlingszwiebeln
2 Knoblauchzehen
1 Stück Ingwer (5 cm lang)
1 Blatt Nori-Alge (ca. 2 g)
3 EL geröstetes Sesamöl
2 EL Misopaste
150 g Kimchi (eingelegter Chinakohl; aus dem Asialaden)
Salz, Pfeffer
Chiliflocken
2 TL heller Sesam

1 Den Seidentofu zwischen zwei Tellern ca. 10 Min. auspressen, sodass er mehr Geschmack annehmen kann. Währenddessen Shiitake putzen, bei Bedarf mit einem Tuch abreiben und in feine Streifen schneiden. Frühlingszwiebeln putzen, waschen und in dünne Ringe schneiden. Knoblauch schälen und fein würfeln. Ingwer schälen und in feine Streifen schneiden. Nori-Alge fein schneiden.

2 Die Pilze in einem Topf in 1 EL Öl ca. 2 Min. anbraten. Herausnehmen und beiseitestellen. Übriges Öl im Topf erhitzen und Miso, Frühlingszwiebeln, Knoblauch und Ingwer darin ca. 2 Min. rösten. Mit ca. 500 ml kochendem Wasser ablöschen und noch ca. 5 Min. köcheln lassen. Den Kimchi hinzufügen.

3 Seidentofu würfeln und ebenfalls zur Suppe geben. Alles mit Salz, Pfeffer und Chili würzen. Zum Servieren die Suppe auf Schalen verteilen und die Pilze hinzufügen, mit Sesam und Algen garnieren.

Für 2 Personen • 15 Min. Zubereitung • 35 Min. Garen • Pro Portion ca. 225 kcal, 12 g E, 6 g F, 29 g KH

INDISCHE GEMÜSESUPPE

VEGAN

70 g gelbe Linsen
1 kleine Gemüsezwiebel
1 große Möhre
1 kleine Kartoffel
2 TL Olivenöl
1 Stück Ingwer (2 cm lang)
2 kleine Knoblauchzehen
1 TL Currypulver (indisch)
½ TL gemahlene Kurkuma
1 Msp. Chiliflocken
80 g Kirschtomaten
Salz, Pfeffer
etwas gehackte Petersilie

1 Die Linsen in einem Sieb abbrausen und abtropfen lassen. Zwiebel, Möhre und Kartoffel schälen, putzen und separat fein würfeln.

2 Das Öl in einem großen Topf erhitzen und die Zwiebel darin bei mittlerer Hitze andünsten. Ingwer und Knoblauch schälen und durch die Knoblauchpresse dazudrücken. Das Curry- und Kurkumapulver sowie die Chiliflocken darüberstäuben und kurz mit anrösten.

3 Linsen, Möhre und Kartoffel dazugeben und Gemüse und Hülsenfrüchte mit 500 ml Wasser aufgießen. Die Suppe einmal kurz aufkochen, dann zugedeckt bei kleiner Hitze ca. 25 Min. weitergaren.

4 Am Ende der Garzeit die Tomaten waschen, halbieren und zur Suppe geben. Die Suppe noch ca. 10 Min. garen, dann mit Salz und Pfeffer abschmecken. Zum Servieren die Suppe auf tiefe Teller oder Schalen verteilen und mit der Petersilie bestreuen.

Für 2 Personen • 15 Min. Zubereitung • 25 Min. Garen • Pro Portion ca. 495 kcal, 20 g E, 12 g F, 65 g KH

GEMÜSE-ONE-POT MIT AMARANT

VEGAN

1 rote Zwiebel
1 Knoblauchzehe
1 rote Paprika
1 Möhre
1 Stange Staudensellerie
200 g Blumenkohl
250 g Kichererbsen (aus Glas oder Dose)
1 EL Rapsöl
100 g Amarant
250 ml vegane Gemüsebrühe
½ TL Chilipulver
½ TL gemahlener Kreuzkümmel
Salz, Pfeffer
½ Bund Koriandergrün

GUT ZU WISSEN
Das Pseudogetreide besitzt echte Protein-Power: Amarant enthält satte 16 Prozent Eiweiß. Weil die Nie-wieder-Heißhunger-Körnchen zudem wenig leere Kohlenhydrate und umso mehr Ballaststoffe liefern, sollten vor allem Diabetes-Betroffene Reis und Nudeln oft damit ersetzen.

1 Die Zwiebel und den Knoblauch schälen und separat fein würfeln. Die Paprika waschen, halbieren, weiße Trennwände und Kerngehäuse entfernen. Die Hälften in Würfel schneiden. Die Möhre putzen, schälen und klein würfeln. Den Sellerie putzen, waschen und ebenfalls klein würfeln. Den Blumenkohl putzen, waschen und in Röschen teilen. Die Kichererbsen in einem Sieb abbrausen und abtropfen lassen.

2 Das Rapsöl in einem Topf erhitzen und die Zwiebel darin ca. 2 Min. glasig dünsten. Anschließend das gesamte geschnittene Gemüse und den Knoblauch dazugeben und alles ca. 4 Min. unter Rühren braten.

3 Dann den Amarant hinzufügen und kurz mitbraten. Die Brühe dazugießen, die Gewürze sowie die Kichererbsen dazugeben. Das Gemüse mit leicht geöffnetem Deckel bei mittlerer Hitze ca. 15 Min. köcheln lassen, bis die Flüssigkeit fast vollständig aufgesogen ist.

4 Zum Servieren das Koriandergrün waschen, trocken tupfen und die Blätter abzupfen. Den Amarant-Gemüse-Mix auf tiefe Teller verteilen und mit Koriandergrün garnieren.

WARME HAUPTGERICHTE

Für 2 Personen • 25 Min. Zubereitung • Pro Portion ca. 450 kcal, 25 g E, 35 g F, 9 g KH

MANGOLD-TOMATEN-OMELETT

MIT VIEL PROTEIN

300 g Mangold
200 g Kirschtomaten
2 Schalotten
4 Eier (M)
2 geh. EL geriebener Parmesan
Salz, Pfeffer
frisch geriebene Muskatnuss
2 EL Olivenöl
2 EL Pinienkerne

TAUSCH-TIPP

Sie können das Omelett auch mit Paprika, Lauch, Zucchini oder Auberginen zubereiten. Insgesamt sollte es ca. 500 g Gemüse ergeben – einfach putzen, waschen und klein würfeln. Dann wie beschrieben das Omelett zubereiten. Eier helfen immer, lange satt zu bleiben und Heißhungerattacken zu verringern.

1 Den Mangold putzen, waschen und in feine Streifen schneiden. Die Kirschtomaten waschen und vierteln. Die Schalotten schälen und in feine Würfel schneiden.

2 Die Eier in einer Schüssel mit dem Parmesan verquirlen und Mangold, Tomaten und Schalotten untermischen. Die Eier-Gemüse-Mischung kräftig mit Salz, Pfeffer und Muskatnuss würzen.

3 Das Öl in einer Pfanne erhitzen und den Eier-Gemüse-Mix darin gleichmäßig verteilen. Das Omelett bei mittlerer Hitze auf beiden Seiten knusprig braten. Zum Wenden einen großen Teller auf die Pfanne legen, das Omelett daraufstürzen und wieder in die Pfanne gleiten lassen.

4 Währenddessen die Pinienkerne in einer Pfanne ohne Fett leicht rösten, herausnehmen und abkühlen lassen.

5 Zum Servieren das Mangold-Tomaten-Omelett in Viertel schneiden, auf Tellern anrichten und mit den gerösteten Pinienkernen bestreuen.

Für 2 Personen • 20 Min. Zubereitung • Pro Portion ca. 250 kcal, 18 g E, 18 g F, 4 g KH

SPARGEL-BASILIKUM-OMELETT

ZUM FRÜHSTÜCK

300 g grüner Spargel
1 Knoblauchzehe
30 g Parmesan (am Stück)
½ Bund Basilikum
1 EL Olivenöl
3 Eier (M)
Salz, Pfeffer

1 Den Spargel waschen, im unteren Drittel schälen und die holzigen Enden entfernen. Den Spargel in etwa 3 cm lange Stücke schneiden. Den Knoblauch schälen und fein würfeln. Den Parmesan fein reiben. Das Basilikum waschen, trocken tupfen und die Blätter abzupfen. Einige Blätter zum Garnieren beiseitelegen, den Rest fein hacken.

2 Das Öl in einer beschichteten Pfanne erhitzen und Spargel und Knoblauch darin bei mittlerer Hitze unter Rühren ca. 5 Min. dünsten. Inzwischen die Eier in einer Schüssel verquirlen, Parmesan und gehacktes Basilikum unterrühren und alles mit Salz und Pfeffer abschmecken.

3 Die Eiermischung über den Spargel gießen und alles zugedeckt bei schwacher Hitze 7–10 Min. stocken lassen. Dabei die Pfanne immer wieder leicht rütteln, damit nichts anbrennt. Zum Servieren das Omelett halbieren und jeweils eine Hälfte auf einen Teller setzen. Dazu passt pro Person 1 Scheibe Vollkornbrot.

Für 2 Personen • 10 Min. Zubereitung • 15 Min. Garen • Pro Portion ca. 465 kcal, 31 g E, 26 g F, 24 g KH

EIER IN SENFSAUCE MIT ROSENKOHL

PROTEINREICH

500 g Rosenkohl
2 vorwiegend festkochende Kartoffeln (ca. 200 g)
4 Eier (M)
1 Schalotte
1 TL Rapsöl
3 EL körniger Senf
100 g Frischkäse (16 % Fett)
Salz, Pfeffer

1 Den Backofen auf 200° vorheizen. Ein Backblech mit Backpapier belegen. Den Rosenkohl putzen und waschen. Die Kartoffeln mit der Gemüsebürste gründlich waschen, abtrocknen und samt Schale in Achtel schneiden. Rosenkohl und Kartoffelspalten auf dem Blech verteilen und im Ofen (Mitte) ca. 15 Min. garen.

2 Währenddessen die Eier in 5–6 Min. hart kochen, anschließend kalt abschrecken und pellen. Die Schalotte schälen und in feine Würfel schneiden. In einem kleinen Topf das Öl erhitzen und die Schalottenwürfel darin andünsten. Senf, Frischkäse und 3 EL Wasser dazugeben und alles gut mischen. Die Senfsauce mit Salz und Pfeffer abschmecken.

3 Zum Servieren Rosenkohl und Kartoffelspalten aus dem Ofen nehmen und auf Teller verteilen. Die Eier halbieren und mit der Sauce daneben anrichten.

Für 2 Personen • 15 Min. Zubereitung • 15 Min. Garen • Pro Portion ca. 545 kcal, 26 g E, 37 g F, 27 g KH

GEMÜSEAUFLAUF MIT HALLOUMI

LÄSST SICH LEICHT ABWANDELN

150 g vorgegarte Rote Bete (vakuumverpackt)
1 Zucchino
1 kleine Zwiebel
2 kleine Knoblauchzehen
200 g Halloumi (Grillkäse)
1 TL Korianderkörner
2 EL Olivenöl
1 EL flüssiger Honig
Salz, Pfeffer
100 g TK-Hokkaido-Kürbis (in Stücken, aufgetaut)
1 TL Schwarzkümmel
2 EL gehackte Petersilie

1 Den Backofen auf 200° (Umluft) vorheizen. Die Rote Bete in kleine Würfel schneiden (Achtung, färbt stark ab!). Den Zucchino putzen, waschen und in Scheiben schneiden. Zwiebel und Knoblauch schälen und in feine Würfel schneiden. Den Halloumi in dünne Scheiben schneiden. Die Korianderkörner im Mörser fein zermahlen.

2 Das Öl mit Zwiebel und Knoblauch mischen und den Honig unterrühren. Die Marinade mit Salz und Pfeffer würzen und den Koriander hinzufügen. Die Marinade in einer großen Schüssel mit allen übrigen Gemüsesorten (Rote Bete, TK-Kürbis, Zucchino) mischen.

3 Das marinierte Gemüse in einer Auflaufform verteilen und den Halloumi darüberschichten. Den Auflauf im Ofen (Mitte) ca. 10 Min. garen, bis das Gemüse weich ist. Dann den Backofen auf Grillfunktion schalten und den Auflauf noch ca. 5 Min. überbacken, damit der Halloumi goldgelb und knusprig wird.

4 Den Auflauf aus dem Ofen nehmen und kurz abkühlen lassen. Zum Servieren auf Teller verteilen und den Schwarzkümmel und die Petersilie darüberstreuen.

TAUSCH-TIPP

Der Auflauf schmeckt auch mit anderem Gemüse. Sie können zum Beispiel 1 Aubergine statt Roter Bete oder 150 g Möhren statt Kürbis verwenden – einfach beides wie beschrieben vorbereiten, in Scheiben schneiden und verarbeiten. Ein Low-Carb Auflauf – perfekt für einen stabilen Blutzucker!

Für 2 Personen • 15 Min. Zubereitung • 25 Min. Backen • Pro Portion ca. 675 kcal, 30 g E, 41 g F, 37 g KH

PASTINAKEN-SPINAT-AUFLAUF

PROTEINREICH

200 g TK-Blattspinat
250 g Pastinaken
100 g Süßkartoffel
120 g Kichererbsen (aus Glas oder Dose)
1 Zwiebel
1 Knoblauchzehe
150 ml Gemüsebrühe
2 EL Rapsöl
⅓ TL Cayennepfeffer
⅓ TL frisch geriebene Muskatnuss
Pfeffer
180 g Mozzarella
4 EL Mandelblättchen

1 Den Backofen auf 180° vorheizen. Den Blattspinat rechtzeitig auftauen lassen. Die Pastinaken putzen, schälen und in etwa daumendicke Stücke schneiden. Süßkartoffel schälen und in Stücke schneiden. Die Kichererbsen in einem Sieb abbrausen und abtropfen lassen. Zwiebel und Knoblauch schälen und fein würfeln.

2 Für den Guss Brühe, Rapsöl, Cayennepfeffer, Muskatnuss und Pfeffer in einem hohen Rührbecher mit einem Schneebesen gut verrühren. Erst Pastinaken und Süßkartoffel in eine kleine Auflaufform geben, dann Kichererbsen, Zwiebel, Knoblauch und Spinat. Den Guss darübergießen. Den Mozzarella in feine Scheiben schneiden und das Gemüse damit bedecken.

3 Den Auflauf mit den Mandelblättchen bestreuen und im Ofen (Mitte) ca. 25 Min. backen. Herausnehmen und vor dem Servieren kurz abkühlen lassen.

Für 2 Personen • 10 Min. Zubereitung • 20 Min. Backen • Pro Portion ca. 670 kcal, 23 g E, 42 g F, 42 g KH

OFENKÜRBIS MIT FETA UND LINSEN

PROTEINREICH

450 g Hokkaido-Kürbis
1 Zwiebel
2 Knoblauchzehen
4 EL Rapsöl
1 Msp. Chiliflocken
½ TL gemahlene Kurkuma
Salz, Pfeffer
180 g Schafskäse (z. B. Feta)
45 g rote Linsen

1 Den Backofen auf 180° vorheizen. Den Kürbis waschen, halbieren und die Kerne mit einem Löffel entfernen. Anschließend die Kürbishälften in große Würfel schneiden. Zwiebel und Knoblauch schälen und fein würfeln. Kürbis-, Zwiebel- und Knoblauchwürfel in eine Schüssel geben und mit Rapsöl, Chiliflocken, Kurkuma und etwas Salz und Pfeffer gut mischen.

2 Die Linsen in einem Sieb abbrausen und abtropfen lassen, dann in einer kleinen Auflaufform verteilen (beim Garen des Gerichts im Backofen entsteht Kochwasser, dadurch werden die Linsen gar). Kürbis, Zwiebel und Knoblauch darübergeben.

3 Den Feta in Würfel schneiden und auf dem Gemüse verteilen. Den Auflauf im Ofen (Mitte) ca. 20 Min. backen. Herausnehmen und vor dem Servieren kurz abkühlen lassen.

Für 2 Personen • 35 Min. Zubereitung • 37 Min. Garzeit • Pro Portion ca. 580 kcal, 18 g E, 25 g F, 58 g KH

SELLERIESCHNITZEL MIT GEMÜSESTAMPF

BALLASTSTOFFREICH

½ Knollensellerie (ca. 500 g)
Salz
200 g mehligkochende Kartoffeln
400 g Möhren
1 säuerlicher Apfel (z. B. Elstar)
2 Eier (M)
50 g kernige Haferflocken
30 g heller Sesam
Pfeffer
2 EL Rapsöl
1 EL Frischkäse (16 % Fett)
etwas frisch geriebene Muskatnuss
2 EL gehackte Petersilie

TAUSCH-TIPP

Für das Gericht kann man statt des Selleries auch Kohlrabi verwenden und in ca. 5 Scheiben schneiden. Die weitere Zubereitung ist identisch. Damit der Stampf nicht zu viele schnelle Carbs liefert, werden die Kartoffeln hier mit Gemüse »entschleunigt«. Für Diabetes-Betroffene ist es gut, typische Beilagen wie Kartoffeln, Nudeln oder Reis zu reduzieren.

1 Den Sellerie putzen, schälen und aus der Mitte vier Scheiben schneiden (evtl. Reste anderweitig verwenden). In einem Topf 1 ½ l Wasser mit ½ TL Salz aufkochen und die Selleriescheiben darin ca. 12 Min. garen. Danach sofort in kaltes Wasser legen.

2 Inzwischen Kartoffeln und Möhren putzen, schälen und grob würfeln. Apfel vierteln, schälen, entkernen und klein würfeln. Kartoffeln und Möhren in kochendem Salzwasser zugedeckt bei mittlerer Hitze ca. 17 Min. garen. Am Ende der Garzeit die Apfelstückchen dazugeben und alles noch ca. 5 Min garen.

3 Währenddessen die Selleriescheiben mit Küchenpapier trocken tupfen. Die Eier in einem tiefen Teller mit einer Gabel verquirlen. Haferflocken und Sesam auf einem flachen Teller mischen. Die Selleriescheiben auf beiden Seiten salzen und pfeffern, erst im Ei, dann in der Sesammischung wenden. Das Öl in einer beschichteten großen Pfanne bei mittlerer Temperatur erhitzen und die Selleriescheiben darin knusprig braten (jede Seite 4 Min.). Herausnehmen und auf Küchenpapier abtropfen lassen.

4 Den Kartoffel-Mix abgießen, kurz ausdampfen lassen und mit dem Kartoffelstampfer zerdrücken. Den Frischkäse unterrühren und den Stampf mit Salz, Pfeffer und Muskatnuss abschmecken. Zum Servieren die Schnitzel mit dem Stampf auf Tellern anrichten. Nach Belieben mit Petersilie garnieren.

10 g Gewürz

Für 2 Personen • 30 Min. Zubereitung • Pro Portion ca. 580 kcal, 24 g E, 46 g F, 16 g KH

GRÜNE TOFU-GEMÜSE-PFANNE

VEGAN

200 g Tofu
1 EL Currypulver
4 EL Sojasauce
1 Zwiebel
1 Brokkoli
2 EL Rapsöl
250 g Kokosmilch
1 TL vegane Gemüsebrühe (Instant)
½ TL Chiliflocken
100 g TK-Zuckerschoten
Salz
20 g heller Sesam

1 Den Tofu in kleine Würfel schneiden und mit Currypulver und Sojasauce in einer Schüssel marinieren. Die Zwiebel schälen und in feine Würfel schneiden. Den Brokkoli putzen, waschen und in Röschen teilen.

2 In einer Pfanne 1 EL Öl erhitzen und die Zwiebelwürfel darin bei mittlerer Hitze 1–2 Min. andünsten. Die marinierten Tofuwürfel dazugeben und 2–3 Min. mitbraten. Tofu und Zwiebel aus der Pfanne nehmen und beiseitestellen.

3 Das restliche Öl in der Pfanne erhitzen und die Brokkoliröschen darin 1–2 Min. anbraten. Die Kokosmilch dazugießen und alles zugedeckt ca. 5 Min. köcheln lassen. Dann mit Brühe und Chiliflocken würzen.

4 Die TK-Zuckerschoten und die beiseitegestellte Tofu-Zwiebel-Mischung hinzufügen und alles noch ca. 5 Min. köcheln lassen. Das Gemüse mit Salz abschmecken.

5 Den Sesam in einer Pfanne ohne Fett leicht anrösten. Herausnehmen und abkühlen lassen. Zum Servieren Gemüse und Tofu auf Teller verteilen und mit dem Sesam bestreuen.

GUT ZU WISSEN

Tofu, Tempeh und Co. zählen zu den proteinreichsten Pflanzenprodukten. Bauen Sie sie daher öfters in Gemüsegerichte ein, um ausreichend Eiweiß aufzunehmen und lang anhaltend satt zu bleiben. Wer sich satt fühlt, neigt nicht zum Snacken und hält damit den Blutzucker stabil.

Für 2 Personen • 15 Min. Zubereitung • Pro Portion ca. 360 kcal, 18 g E, 14 g F, 41 g KH

LINSENNUDELN MIT RADICCHIO

VEGAN

120 g Linsennudeln (oder Pasta aus grünen Erbsen)
Salz
1 Zucchino
2 EL Olivenöl
2 EL TK-Zwiebelwürfel
1 EL getr. Oregano
1 kleiner Radicchio
1 EL grünes Pesto
bunter Pfeffer (frisch gemahlen)

1 Die Nudeln nach Packungsanweisung in Salzwasser bissfest garen, dann in einem Sieb abtropfen lassen. (Achtung, das Nudelkochwasser kann bei Pasta aus Hülsenfrüchten stark schäumen!)

2 Währenddessen den Zucchino putzen, waschen, längs halbieren und in Scheiben schneiden. Das Öl in einer Pfanne erhitzen und die Zwiebeln darin bei mittlerer Hitze glasig dünsten. Zucchino und Oregano dazugeben und alles noch ca. 5 Min. leicht dünsten. Währenddessen den Radicchio putzen, waschen und in feine Streifen schneiden.

3 Zum Servieren die Pfanne vom Herd nehmen und Radicchiostreifen, Linsennudeln und Pesto locker unter die Zucchinischeiben mischen. Alles mit Salz und Pfeffer würzen und auf Schalen oder tiefe Teller verteilen.

Für 2 Personen • 15 Min. Zubereitung • Pro Portion ca. 600 kcal, 32 g E, 36 g F, 30 g KH

BOHNENSALAT MIT BURRATA

BALLASTSTOFFREICH

1 rote Zwiebel
2 EL Olivenöl
400 g TK-Prinzessbohnen
240 g Wachtelbohnen (aus Glas oder Dose)
Salz
bunter Pfeffer (frisch gemahlen)
2 kleine Burrata-Kugeln (à ca. 100 g; oder Mozzarella)
2 EL Zitronensaft

1 Die Zwiebel schälen und in feine Würfel schneiden. 1 EL Öl in einem Topf erhitzen und die Zwiebelwürfel darin andünsten. Die gefrorenen Bohnen dazugeben und alles zugedeckt bei mittlerer Hitze ca. 6 Min. garen.

2 Inzwischen die Wachtelbohnen in einem Sieb abbrausen und abtropfen lassen. Zu den grünen Bohnen geben und darin ca. 3 Min. erwärmen. Dann alles mit Salz und buntem Pfeffer würzen.

3 Zum Servieren den Bohnen-Mix auf Teller verteilen, jeweils 1 Burrata-Kugel daraufsetzen und in der Mitte mit zwei Gabeln etwas auseinanderziehen. Mit dem restlichen Öl und dem Zitronensaft beträufeln und mit Salz und buntem Pfeffer bestreuen.

Für 2 Personen • 40 Min. Zubereitung • 20 Min. Garen • Pro Portion ca. 425 kcal, 24 g E, 26 g F, 24 g KH

OFENGEMÜSE MIT SELLERIESTAMPF

VEGAN

1 Fenchel
1 Zucchino
1 Zwiebel
1 Knoblauchzehe
200 g Kräutertofu
3 EL Olivenöl
1 TL getr. Oregano
2 mehligkochende Kartoffeln (ca. 200 g)
200 g Knollensellerie
1 TL vegane Gemüsebrühe (Instant)
Salz, Pfeffer
½ Bund Basilikum
50 g Sojaquark

GU **CLOU**

Wer Kohlenhydrate sparen will, kann bei Püree und Co. einen Teil der Kartoffeln durch Gemüse ersetzen. Das Plus: Der Sellerie bringt noch eine würzige Note mit ins Püree.

1 Den Backofen auf 180° vorheizen. Den Fenchel putzen, waschen und halbieren, den harten Strunk entfernen und die Hälften in Scheiben schneiden. Den Zucchino putzen, waschen, längs halbieren und in Scheiben schneiden. Die Zwiebel schälen, halbieren und in Scheiben schneiden. Den Knoblauch schälen und fein würfeln.

2 Den Tofu würfeln und mit Gemüse, 2 EL Öl und Oregano in einer Schüssel mischen. Den Mix auf einem Backblech verteilen und im Ofen (Mitte) ca. 20 Min. garen. Danach bis zum Servieren warm halten.

3 Währenddessen Kartoffeln und Sellerie schälen und würfeln, mit der Brühe in einem Topf in ca. 400 ml Wasser zugedeckt bei kleiner Hitze in 15–20 Min. weich garen. Danach den Topf vom Herd nehmen, das übrige Öl hinzufügen und alles mit dem Kartoffelstampfer zu einem groben Püree stampfen, mit Salz und Pfeffer abschmecken.

4 Zum Servieren das Basilikum waschen, trocken tupfen und die Blätter abzupfen. Einige Blätter zum Garnieren beiseitestellen, den Rest fein hacken. Den Sojaquark mit dem gehackten Basilikum mischen und mit Salz und Pfeffer abschmecken. Das Gemüse aus dem Ofen nehmen, mit dem Selleriestampf auf Teller verteilen und den Basilikum-Dip dazureichen. Zuletzt mit dem beiseitegestellten Basilikum garnieren.

Für 2 Personen • 15 Min. Zubereitung • Pro Portion ca. 365 kcal, 15 g E, 22 g F, 30 g KH

QUESADILLAS MIT GEMÜSE

AUS MEXIKO

1 gelbe Paprika
3 Frühlingszwiebeln
150 g stückige Tomaten (aus Glas oder Dose)
1 TL getr. Oregano
1 Msp. Chiliflocken
Salz, Pfeffer
2 große Tortillas (Vollkorn-Weizen- oder Maisfladen)
100 g geriebener Cheddar

TAUSCH-TIPP

Anstelle der Paprika können Sie auch anderes Gemüse in die Quesadilla packen, etwa dünne Champignon- oder Fenchelscheiben. Achten Sie bei den Tortillas wie auch bei anderen Produkten aus Mehl (Nudeln, Fertigteige etc.) auf Vollkorn. Das lässt den Blutzuckerspiegel nicht so schnell auf- und absteigen.

1 Die Paprika waschen, halbieren, weiße Trennwände und Kerne entfernen und die Hälften in sehr feine Streifen schneiden. Die Frühlingszwiebeln putzen, waschen und in dünne Ringe schneiden. Die stückigen Tomaten mit Frühlingszwiebeln, Oregano, Chiliflocken, Salz und Pfeffer mischen.

2 Die Tortillas nacheinander in einer Pfanne ohne Fett auf beiden Seiten leicht rösten. Jeweils die Hälfte des Cheddars auf jedem Fladen verteilen und leicht schmelzen lassen. Dann eine Hälfte der Tortilla mit der Hälfte der Paprikastreifen belegen und die Hälfte der Tomatenmischung darübergeben.

3 Die freie Tortillahälfte in der Mitte darüberklappen und die Quesadilla vorsichtig auf einen Teller setzen. Mit dem zweiten Fladen und den übrigen Zutaten genauso verfahren und eine zweite Quesadilla zubereiten. Zum Servieren in Stücke schneiden, dazu passt eine Schwarze-Bohnen-Salsa oder Guacamole.

REGISTER

L/M

P/Q/R

S/T

W/Z

Abkürzungsverzeichnis:
E = Eiweiß
EL = Esslöffel (gestrichen)
F = Fett
kcal = Kilokalorien
KH = Kohlenhydrate
Msp. = Messerspitze
Pck. = Päckchen
TK = Tiefkühl
TL = Teelöffel (gestrichen)

LIEBE LESERINNEN UND LESER,

wir wollen Ihnen mit diesem Buch Informationen und Anregungen geben, um Ihnen das Leben zu erleichtern oder Sie zu inspirieren, Neues auszuprobieren. Wir achten bei der Erstellung unserer Bücher auf Aktualität und stellen höchste Ansprüche an Inhalt und Gestaltung. Alle Anleitungen und Rezepte werden von unseren Autoren, jeweils Experten auf ihren Gebieten, gewissenhaft erstellt und von unseren Redakteur*innen mit größter Sorgfalt ausgewählt und geprüft.

Haben wir Ihre Erwartungen erfüllt? Sind Sie mit diesem Buch und seinen Inhalten zufrieden? Wir freuen uns auf Ihre Rückmeldung. Und wir freuen uns, wenn Sie diesen Titel weiterempfehlen, in Ihrem Freundeskreis oder bei Ihrem Online-Kauf.

Sollten wir Ihre Erwartungen so gar nicht erfüllt haben, tauschen wir Ihnen Ihr Buch jederzeit gegen ein gleichwertiges zum gleichen oder ähnlichen Thema um.

KONTAKT ZUM LESERSERVICE

GRÄFE UND UNZER VERLAG
Grillparzerstraße 12
81675 München
www.gu.de

IMPRESSUM

Postfach 860366, 81630 München

GU ist eine eingetragene Marke der GRÄFE UND UNZER VERLAG GmbH, www.gu.de

ISBN 978-3-8338-9442-8
2. Auflage 2024

Projektleitung: Elke Sieferer
Lektorat: Kathrin Gritschneder
Korrektorat: Jutta Weikmann
Gesamtgestaltung: independent Medien-Design, München
Umschlaggestaltung: ki36 Editorial Design, Sabine Krohberger, München
Herstellung: Renate Hutt
Satz: Eberl & Koesel Studio GmbH
Reproduktion: Medienprinzen GmbH
Druck + Bindung: Firmengruppe APPL, aprinta druck, Wemding
Printed in Germany

Bildnachweis:
Andreas Sibler: S. 4, Porträt Dr. Matthias Riedl; Auen60: S. 1, Innentitel; Coco Lang: S. 28, 40 und 64; Grossmann/Schürle: S. 6, 12, 15, 18, 22, 25, 31, 33, 34, 36, 45, 54, 55, 57 und 58; Kramp/Gölling: S. 10, 13, 43, 44, 46 und 52; Marina Jerkovic: S. 11, 16, 19, 21, 24, 27, 32, 39, 48, 49 und 51; Jörn Rynio: S. 9 und 3; shutterstock: Stepfotos auf den Klappen; StockFood Studios/Tina Engel: S. 5 und Stillleben auf den Klappen

Umwelthinweis:
Nachhaltigkeit ist uns sehr wichtig. Der Rohstoff Papier ist in der Buchproduktion hierfür von entscheidender Bedeutung. Daher ist dieses Buch auf PEFC-zertifiziertem Papier gedruckt. PEFC garantiert, dass ökologische, soziale und ökonomische Aspekte in der Verarbeitungskette unabhängig überwacht werden und lückenlos nachvollziehbar sind.

Syndication:
www.imageprofessionals.com

Die GU-Homepage finden Sie unter www.gu.de

Ein Unternehmen der
GANSKE VERLAGSGRUPPE

APPETIT AUF MEHR?

ISBN 978-3-8338-6847-4

ISBN 978-3-8338-8404-7

ISBN 978-3-8338-8571-6

ISBN 978-3-8338-8931-8

ISBN 978-3-8338-5997-7

ISBN 978-3-8338-5202-2

Alle hier vorgestellten Bücher sind auch als eBook erhältlich.

Mehr von GU auf **www.gu.de** und **facebook.com/gu.verlag**

Der Autor

Dr. Matthias Riedl zählt zu den renommiertesten Ernährungsmedizinern Deutschlands. Der Diabetologe und Internist ist unter anderem Gründer des medicum Hamburg, Europas größten Zentrums für Ernährung und Diabetes, und der MyFoodDoctor–App sowie Berater für Krankenkassen und TV-Sender.

Die Rezepte

Die Rezepte in diesem Buch wurden entwickelt von Josephine Danneberg, Julia Dullat, Deniz Genca, Kristina Heckel, Katharina Henze, Christin Müller, Salla Schmilewski, Lena Vogt und Johanna Zelmer.